Gedichte erzählen

- etwas - aus dem Leben.

Denn jedes Gedicht,

 hat seine Geschichte oder

Begegnung aus dem Leben,

bevor es geschrieben wird.

Das Schreiben ist die Phantasie
eines Malers.

Es ist die Sehnsucht eines
Reisenden.

Die Momente des Lebens
festzuhalten, loszulassen oder
weiterzugeben.

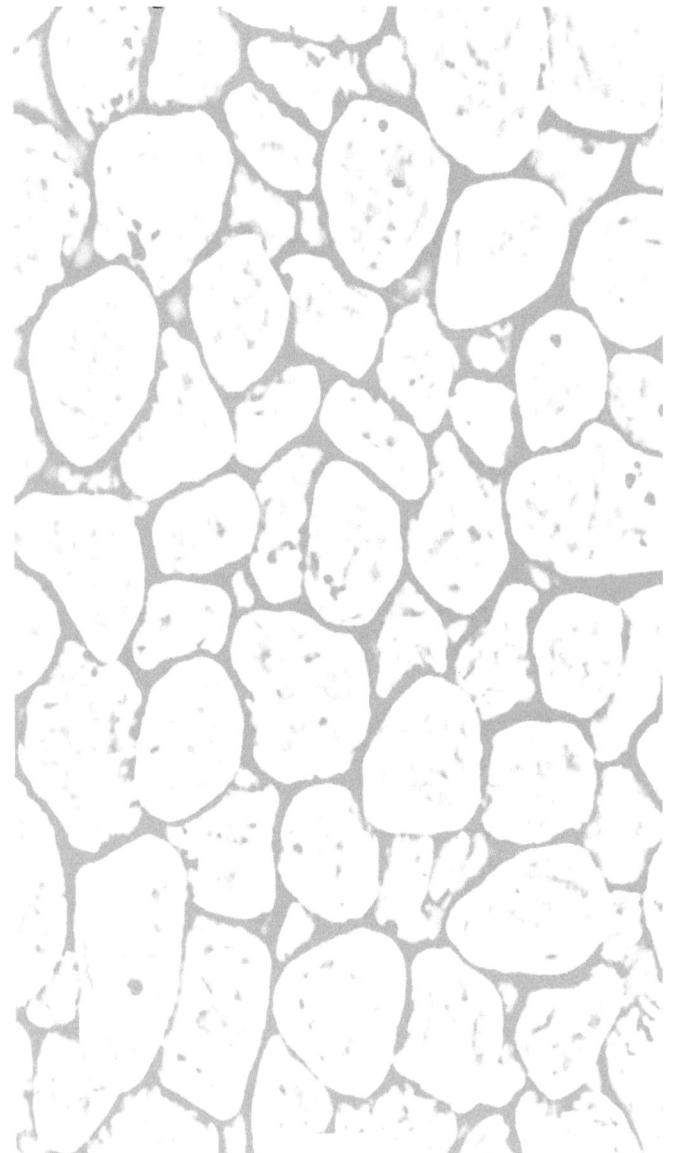

Für

ALLE

*die mich begleitet haben
und werden.*

GE *DANKE* N

Helen Stein

Gedichte
aus
dem
Leben

**Bibliografische Information der
Deutschen Nationalbibliothek**
Die Deutsche Nationalbibliothek verzeichnet
diese Publikation in der Deutschen
Nationalbibliografie; detaillierte bibliografische
Daten sind im Internet über http://dnb.d-nb.de
abrufbar.

Herstellung und Verlag:
Books on Demand GmbH Norderstedt

ISBN   9 783837 054781

Verzeichnis

DER

WEG

FÜHRT

IMMER

IRGENDWO

HIN

Vorwort

Sie haben ein kleines Buch gekauft
- was Sie lesen möchten!

Es sind Gedichte aus dem Leben,
oder die dass Leben schreibt
und doch lesen Sie es anders,
als vielleicht Ihre Freundin,
der Nachbar von nebenan
oder die junge Kollegin
- frisch verliebt.

Geschichten oder
Gedichte erzählen

- Etwas -

ein Gefühl -

ein Erlebnis -

Glück -

eine Begegnung -

Alles

Alles ist Nichts,

      Alles Liebe; Alles Gute;

  Alles Schöne; Alles Schlechte;

doch alles von Dir, bist DU

und alles von mir, bin ICH.

Alltäglich

Wir reihen uns ein
     – in die Schlange

Wir fädeln uns ein
     – in den Straßenverkehr

Wir arbeiten uns ein
     – in dem Beruf

Wir passen uns an
     – in der Gesellschaft

Wir schließen uns ein
     – in den Gefühlen

Warum tun wir dass?

- ohne zu leben?

Anschluss verloren

Früher schaute ich zu Dir auf,

war stolz auf Dich.

Doch was hat Dich verändert?

Ist es Dein Umfeld,

in dem Du Dich behaupten möchtest?

Sind es Verantwortung und Toleranz,

die Du auch anderen gegenüber
haben solltest?

Bist Du es selbst,

der den Anschluss irgendwo verloren
hat?

Vielleicht stehst Du Dir auch selbst
auf der Leitung.

- aus Bequemlichkeit -

Arroganz

Wenn Hochmut und Arroganz

die schönen Dinge zudecken,

hat man viel Wärme

und Liebe verloren

und betraft

über die Zeit

sein eigenes

H E R Z

Auf der Suche

Wir suchen die Blumen im Gras

oder den Weg ins Glück.

Wir suchen den Stern in der Nacht

oder die Sonne am Himmel.

Wir suchen das Schöne des Alltags

oder das Lachen eines Kindes.

Wir suchen den Berg der Hoffnung

oder das Tal der Vernunft.

Wir suchen die erfüllte Liebe

oder die dunkle Einsamkeit.

Aber was wir suchen

ist das Glück des Lebens

und die Zufriedenheit des Seins.

Beendet

Es ist manchmal schade,
da denkst Du jahrelang,
Du hast einen Freund,
Du kannst ihm vertrauen,
auch über Deine Sorgen sprechen.
Doch dann wirst Du verletzt,
auf eine Art,
mit der Du nicht gerechnet hast.
In einem Augenblick überrumpelt,
bist sprachlos, die Gedanken zu ordnen,
es abzuschütteln,
das Gesagte noch im Ohr,
unfassbar der jetzigen Situation.
Du versuchst es in Worte zu fassen,
doch Dein Gegenüber denkt nur für sich,
setzt noch eine Gemeinheit drauf.
Mein Kopf setzt aus.
Mein Magen rebelliert.
Es dauert Stunden,
Tage und schlaflose Nächte,
um die Erniedrigung
und Enttäuschung zu verarbeiten,
gedanklich und emotional.
Du suchst Gespräche
mit wirklichen Freunden,
die Dich unterstützen,
um mit Deiner Frustration fertig zu
werden.

Die Lösung,
ein letztes Gespräch zur Klärung
und Beendigung der Freundschaft,
die nur einseitig war.

Bücherwurm

Langsam wälze ich mich
durch die Seiten,

das Gelesene
wird zur wahren Geschichte,

ein Erlebnis meiner Phantasie,

ich bin auf der Reise,

ich bin mittendrin,

überwältigt - herzzerreißend –
spannend

aufregend – begeistert
oder total geschockt

erlebe ich das Geschriebene,

in der Hoffnung,

die letzte Seite zu erreichen,

es wird alles gut,
liebe und leide mit,
in Tränen aufgelöst

vielleicht vor Freude oder Glück.

Das Spiel

Was ist das für ein Spiel,

dass Du mit mir spielst?

Komm her – geh` weg!

Du liebst mich – Du verletzt mich!

Ich möchte Dich sehen.

Du gehst mir aus dem Weg.

Kein Anruf - kein Brief

kein Zeichen.

Das Spiel – ohne Worte – ist zu

ENDE.

Das Wort

Was ist mit dem Wort?

Das ich gesagt habe?

Wer hat es gehört?

Was hat man verstanden?

Wer hat es bekommen?

Was hat man daraus gemacht?

Wo wird es missbraucht?

Wer kann es erklären?

Was kommt zu mir zurück?

Die T Ü R

Deine Chance

hindurchzugehen

auch wenn

das Fenster

zugefallen ist.

Der Baum

Manchmal sehen wir

den Wald vor Bäumen nicht,

aber jeder dieser Bäume

steht fest mit seinen Wurzeln

auf seinem Platz

und er ist nicht allein.

Aus den Wurzeln

nimmt er die Kraft

für jeden neuen Tag.

Der Umfang eines Stammes,

lässt die Erfahrung

seines Lebens erahnen.

Äste und Zweige

füllen sich im Frühling

mit zartgrünen Blättern,

um im Sommer zu leuchten

und im Herbst

in den verschiedensten Farben

vom Wind abgeworfen zu werden.

Jedes Blatt,

was blüht,

ist wie ein Mensch,

wenn die Zeit kommt,

welkt und stirbt,

um für neues Leben Platz zu machen.

Aber zusammen füllen wir

den Baum mit Blättern,

die Erde mit Leben.

Der Herbst

Der Herbst legt einen Mantel

von bunten Farben übers Land.

Er breitet einen Teppich

von buntem Laub vor uns aus.

Die Buchen

mit den rotbraunen Blättern

mischen sich

mit den warmen orange Tönen

der Büsche.

Zwischen den weiß-schwarzen

Stämmen der Birken

stehen malerisch

die strahlend gelben Linden.

Auch das angrenzende Wäldchen

mit dem leuchtend roten Ahorn

ist nicht zu übersehen.

An den grauen Wegen

ragen knorrige Eichen

in den blauen Himmel

und bilden den Kontrast

mit den stattlichen Kiefern

in Ihrem satten Grün.

Im Glanz der Abendsonne

vermischen sich

Gold und Silber darunter.

Der Schein trügt

Selbst ein Kaktus trägt seine Blüte,

hab´ bis dahin

Geduld und Zuversicht.

Pflück´ nicht nur die Rosen,

denn Sie haben Dornen.

Dem Baum danke für die Wurzeln

und gib´ dem Gänseblümchen

Deine Achtung.

Schenke nicht nur edlen Dingen

Deine Liebe

es könnte stinken.

Auch das Unscheinbare und Zarte

hat seine Reize.

Die Lüge

Die einen belügen Dich,

weil Sie Dich lieben.

Die einen belügen, nur sich selbst.

Die anderen belügen jeden und alles,

weil Sie nicht anders können.

Dann gibt es jene, die lügen,

um an Macht zu kommen.

Die Lüge ist hier und da.

Die Lüge ist irgendwo und überall,

bis Sie irgendwann

doch herauskommt.

Also was soll es mit der

Lügerei ? ? ?

Die Farben des Regenbogens

Nimm die Farben des Regenbogens
und erfüll´ Dir Deine Träume
und lebe Deine Träume.

In der ganzen Welt,
wird er an den Himmel gemalt
erleuchtet Deinen Weg,
erhellt Deinen Tag.

Das Blau ist Deine Phantasie,
vermische Sie mit der Sonne
dem Mond und den Sternen.

Das Gelb ist Deine Hoffnung,
verrühr Sie mit dem Glauben
an das Glück und Deiner Sehnsucht.

Das Rot ist Dein Herz,
voller Liebe mit der Freude
auch Lachen zu schenken.

Das Grün ist die Natur,
verbinde Sie mit den Menschen
und leuchtenden Blumen

Das Orange ist Deine Zukunft,
aufregend und schön zu leben,
vertraue Dir selbst.

Das Lila ist die Ruhe,
die, die Welt braucht
um leben zu lassen.

Nimm die Farben des Regenbogens
und erfüll´ Dir Deine Träume
und lebe Deine Träume -

jeden Tag

DU fehlst......

Du bist nicht da –

in Urlaub –

wie schön –

doch Du fehlst!

kann Dich nicht sprechen –

kann nicht mit Dir telefonieren –

kann nicht mit Dir lachen –

Du fehlst!

Schön dass es Dich gibt.

Ich freue mich auf

- *DICH* -

Echte Freundschaft ist:

das Gefühl nicht allein zu sein.

Echte Freundschaft ist:

jemand der da ist, Tag und Nacht.

Echte Freundschaft ist:

gebraucht zu werde,
wenn es nötig ist.

Echte Freundschaft ist:

alles zu teilen ob Freud´ oder Leid.

Echte Freundschaft ist:

auch in Gedanken selten getrennt.

Ein Fisch kann nicht fliegen.

Der Teufel küsst keinen Engel.

Das Abendrot ist nicht dunkel.

Der Schnee fällt nicht rosa.

Meine Augen blau wie ein See.

Das Meer ist auch mal Grün.

Bunt ist nicht nur der Clown.

Es gibt auch Gold was nicht glänzt.

Licht am Ende eines Tunnels.

Farben Deiner Seele.

Einkauf

Suppengemüse, Blumenkohl,
Zucker, Butter, Hundefutter.

Einkaufswagen schieben – schieben
dort muss doch der Käse liegen.

Gurken muss ich noch suchen,
Tee, Kaffee, noch ein Kuchen

Kiste Bier und Kiste Sprudel,
Tüte Chips und Beutel Nudel.

Laufen rennen durch die Gänge
immer wieder durchs Gedränge.

Brot, Spinat, Dosenfisch,
Tube Senf, ist das frisch.

Taschentücher, Klopapier,
das Haarwaschmittel haben wir.

Immer voller wird mein Wagen,
an der Kasse muss ich warten.

Dann bezahlen, nach Hause fahren.

Einsamkeit

Aus tiefer Verzweiflung

der Einsamkeit,

nage ich an mir,

gebe dunklen Gedanken Kraft,

falle nicht nach vorn,

nicht nach hinten,

bleibe stehen,

im Glauben des Sinnlosen,

nicht fähig aufzustehen,

unschlüssig Leben zu sehen,

Wind und Regen zu spüren,

weder nach wann

und warum zu fragen,

einfach „ *ICH* „ zu sagen.

Fragen

Kann ich Dich kennen?

Weiß ich - was Du denkst?

Hast Du Dich geändert?

Aus der Vergangenheit gelernt?

Willst Du mich nur benutzen?

Sagst Du mir die Wahrheit?

Lohnst es sich für Dich zu kämpfen?

Ist Dein Lachen falsch?

**Haben für Dich
die Menschen keine Gefühle?**

Kannst Du richtig lieben?

Spielst Du – auf Kosten - Anderer?

Nur Nehmen statt Geben.

**Enttäuschung säen,
aber keine Schuld sehen.**

**Fragen so viele Fragen –
Die Zeit bringt mir die Antworten.**

Freundin   Alkohol

Sie ist Deine Freundin,
mal mehr, mal weniger.

Sie kann Dich verführen.

Sie gibt Dir Kraft und Glückseligkeit,
wenn Sie Dich
in Ihren Bann gezogen hat.

Sie verleitet Dich zu Worten
und Taten, die nicht Deine sind.

Sie sprengt bei Dir Ketten,
die Dich umgeben,
nur für kurze Zeit.

Sie macht Dich unantastbar
und gibt nur Dir Recht.

Sie ist egoistisch und gefährlich.

Sie wartet immer auf Dich,
bis Du Sie wieder brauchst
und Sie mehr liebst,
wie Dich selbst.

Sie tut Dir weh
und macht Dich krank.

Durch Sie verlierst Du Dinge,
die Dir wichtig sind.

Denn nach jeder Begegnung
fühlst Du Dich
verlassener und verlorener.

Obwohl Du Sie deswegen
abgrundtief hasst,
für Ihre falsche Zweisamkeit,
kannst Du Ihr nicht entrinnen.

Um Ihr zu entkommen,
brauchst Du Dich ganz
und nicht nur vielleicht.

Sie lässt Dich gehen,
wenn Du es wirklich willst.

Ohne Sie gewinnst Du alles,

Liebe,

mich und vieles mehr.

Es grüßt Dich eine echte Freundin

und nicht *„Freundin Alkohol"*

Hobbygärtnerin

Wenn im Januar
das Heidekraut blüht,

der Februar
die Schneeglöckchen bringt

und im März die Krokusse sprießen,
dann erwacht die Hobbygärtnerin.

Jetzt schon planen und vorsäen,
damit der Garten blüht
das ganze Jahr.

Es folgen Osterglocken im April,
Tulpen in allen Farben.

Der Frühling beginnt.

Mit gelbem Steinkraut,
weißem Iberis,
bunten Hyazinthen bis Ostern.

Es folgen im Mai Lupinen
in vielen Farben,
Tagetes, Salvien, duftender Flieder
und Fuchsschwanz bis in den Juli.

Im Juni sieht man Rosen
in Ihrer Pracht.

Farbenfroher Phlox
und leuchtende Sonnenblumen.

Nelken, Petunien
auch Verbenen und Begonien
erfreuen uns im Sommer,
sowie Lilien, Gladiolen, Annemonen.

Auch der Herbst ist nicht farblos
mit seinen Dahlien, Lavendel,
Margeritten, Chrysanthemen,
Fuchsien, Astern
und die vielen ungenannten Blumen
über das ganze Jahr.

Aussäen, pikieren, pflanzen,
gießen, graben, harken,
jedes Jahr.

Hände

So lange Dir

HÄNDE

etwas geben

bist Du da.

Sollst Du

eine Hand reichen

lässt Du

die Arme sinken.

Immer noch nah

In der Kälte - Dunkelheit -

schweift der Blick

in die Vergangenheit -

beklommen und ängstlich -

was geschehen ist -

immer noch nah

und Wirklichkeit.

Ist Er nicht faszinierend?

Mit seiner Vielfalt
an Farbe und Ausdruck

Doch ist ihm wirklich zum Lachen

und aufgelegt um Späße zu machen?

Alles zu sein fröhlich,
traurig,
oder dumm!

Zeigt Er nicht jedem,

auf seine Art,

wie wichtig es ist,

sich über kleine Dinge zu freuen,

als über nichtige Sachen,

sich Kummer
und Sorgen zu machen?

Wen ich meine - *DEN   CLOWN*

KIND

Wird Dein Kind weinen –

      wirst Du es trösten.

Wird Dein Kind nach Dir rufen -

      wirst Du es suchen.

Wird Dein Kind lachen -

      wirst Du glücklich sein.

Wird Dein Kind

      - Dich verlassen -

         wirst - DU - weinen.

Deine *Lebendigkeit,*

gibt Dir Luft zum Atmen.

Deine Energie lässt Dich leben.

Deine Bewegung,

gibt Dir Kraft und Ruhe.

leise – laut

Auch das

LEISE

STILLE

ist die Kraft

des Lebens

nicht das

LAUTE

SCHRILLE.

LIEBE ist..........

- Liebe ist nicht ohne Schmerzen –

- Glück ist nicht ohne Leiden –

- Freude nicht ohne Tränen –

- Lüge nicht ohne Gefühl –

- Träume nicht ohne Wahrheit –

- Sorgen nicht ohne Angst –

- Treue nicht ohne Verzicht –

- Nacht nicht ohne Licht –

- Neid nicht ohne Hass –

- Wärme nicht ohne Sehnsucht –

Hoffnung nicht ohne Ungewissheit

- Abschied nicht ohne Zukunft –

- Leere nicht ohne Zweifel –

- Segen nicht ohne Glauben –

- Leben nicht ohne Tod -

LOB

Lob macht nicht dick

Freude ist nicht giftig

Glück leuchtet hell

Anerkennung ist nicht schädlich

Dank macht fröhlich

Zärtlichkeit hat Wärme

Liebe schmeichelt dem Herz

Mein Stern

- Jeder hat einen Stern.
- Ich hatte meinen Stern
  verloren.
- Er ist vom Himmel gefallen.
- Ein paar Wolken,
  ganz weit unten,
  haben ihn aufgefangen.
- Es hat einige Zeit gedauert,
  bis mein Stern,
  wieder hoch,
  oben war.
- Jetzt leuchtet er wieder,
  mit voller Kraft.
- Ich habe mich
  wiedergefunden.
- Suche Deinen Stern,
  wenn Du ihn verloren hast.
- Es lohnt sich.
- Dein Leben ist eine
  Herausforderung,
  stell´ Dich ihr!
- Du musst erst glauben,
  um es sehen zu können!
- Glaube ganz fest an DICH!

Mond

Es ist wieder Nacht

und doch leuchtet es hell.

Der Wind treibt die grauen Wolken
voran.

Die Sterne funkeln am schwarzen
Himmel.

Mystisch schaut der gelbe Mond
herab.

Ruhig bewacht er die Erde.

Mondlandschaft

Dein Leben ist wie

eine Mondlandschaft,

mit vielen kleinen

und großen Kratern.

Jeder Krater ist eine Erfahrung,

an der Du nicht vorbeigehen wirst.

Es kann eine Sache sein -

ein Ding   - eine Person -

Du wirst in diese Krater treten

und sehen wie weit Du fällst.

Du kannst keinen Krater auslassen,

denn das ist Dein Leben.

Lerne daraus -

und geh´ zum Nächsten.

NICHTS

- ein kleines Lächeln

- ein „ich hab´ Dich lieb"

- ein „DANKE"

- ein flüchtiger Kuss

- eine zärtliche Umarmung

- ein "das hast DU gut gemacht"

- ein „ich bin für Dich da"

- ein „BITTE"

- ein „ich helfe Dir"

- ein Gänseblümchen

es kostet – NICHTS –

und schon sieht
die Stunde
der Tag
anders aus!

Nur wer liebt..............

Nur wer liebt,
spürt die innere Unruhe
oder des Kribbeln im Bauch.

Nur wer liebt,
erträgt schlecht,
dass Warten
auf das nächste Wiedersehen.

Nur wer liebt,
genießt die Zärtlichkeit
und fühlt die Nähe.

Nur wer liebt,
macht die verrücktesten Sachen,
erlebt Freude und Leid.

Nur wer liebt,
nimmt manches leicht,
sieht alles in bunten Farben.

Nur wer liebt,
gibt manchmal viel,
ohne etwas zu erwarten.

Wer liebt,
hat die Kraft zu verzeihen,
auch wenn es schwer fällt.

Was ein **OPTIMIST**

mit Freude und Liebe

aufbaut................

zerbricht der **PESIMIST**

mit seinem Egoismus

und Ignoranz.

Pubertät

- Unverständnis – Pflichten –
- Lügen – Hobby -
- Gemeinschaft – Erfahrungen –
- Tätigkeiten – Diskussionen –
- Erkenntnisse – Streit –
- Gespräche – Lachen –
- Probleme – Übermut -
- Familie - Ungerechtigkeit –
- Kleinigkeiten – Clique –
- Schule – Arbeit-
- Rechte – Freunde –
- Verantwortung – Liebe –
- Wachsen – Verstehen –

Allem in allem eine schöne Zeit

und keiner soll Sie missen.

Realität

Wenn Kinderträume
– nicht wahr werden.

Wenn Mädchenträume
– unerfüllt bleiben.

Wenn Träume – sterben

hat DICH die Realität -

das Leben eingeholt -

wenn Du trotzdem LACHEN

und LIEBEN kannst

hat sich das LEBEN gelohnt.

R U H E

Es ist heute sehr schwierig,

R U H E   zu finden.

Nicht immer zu rasen,

um noch mehr zu bringen.

Sich zu besinnen

und inne zu halten.

schweigt oder glänzt...

lieber - jemand - der aus Liebe -

etwas tut und schweigt,

als jemand - der viel redet und glänzt.

Sehen

Könnt` ich dass,

was ich sehe,

malen,

statt in Worte zu fassen,

mit den Farben,

dem Licht,

der Bewegung,

dem Leben,

dem Ausdruck

und der Stimmung !

sei Gast ....

und nimm - Platz

jedes Haus ist eigen

respektiere es

und sei ein Gast

sieh´ den Menschen

der darin wohnt

und nicht den Stuhl

auf dem Du sitzt.

Sichtweise

Es ist die Sichtweise,

eine Tür aufzuhalten,

hindurchzugehen

und den Blick zu

genießen.

Steh` auf

Gehorsam und Schweigen,

Aufgabe und Ohnmacht,

ist nicht immer,

die Schuld des Anderen.

Ist es nicht Deine Unfähigkeit

aufzusteh`n?

STEINE

Es gibt Sie zu Tausenden

und überall.

Manchmal wunderschön

und wie so oft unscheinbar.

Sie werden auch immer wieder

als trostlos empfunden

die grauen – braunen
- roten - schwarzen – eckigen –
flachen - kantigen - harten

S T E I N E

Nur ohne SIE
gäb` es keine Wege
auf denen wir gehen,
Häuser in denen wir wohnen.

Brauchen wir die Steine
oder die Steine uns?

Pflück` auch mal einen STEIN –
wie eine Blume.

Tränen

Auch wenn DU im Moment

keinen – TON – hast.

Die Natur hört DIR zu

und spricht mit DIR,

wenn DU willst.

Auch *TRÄNEN* sind nur *WASSER*.

Und ich hab` Dich doch geliebt

Wieso hab´ ich mich so benutzt gefühlt?

Weshalb hast Du mich unter Druck gesetzt?

Warum war ich nur halb so viel wert?

Wieso hattest Du diese Macht über mich?

Weshalb wurde ich Dein Eigentum?

Warum hab´ ich mich so lange nicht gewehrt?

Ungewiss

Es liegt in meinen Armen.

Es fühlt sich wohl.

Wie lange kann ich - ihm -

die Geborgenheit geben

und ihn auf seinem Weg begleiten?

So klein wie – Es - jetzt noch ist.

mein Kind

Verbundenheit

Lange ist es her,

als wir uns trafen.

Wunderbare

und auch schwierige Situationen

haben wir gemeinsam erlebt.

Die Jahre vergingen

und trennten unsere Wege,

aber dennoch spüren wir einander,

auch wenn wir uns nicht immer

sprechen oder sehen.

Die liebevolle Freundschaft lässt

Monate , Jahre und Entfernung

zu Minuten werden.

Denn unsere Verbundenheit

ist in unseren Gedanken

und in unseren Herzen.

Verletzt

Meine Gefühle sind verletzt.

Meine Seele ist unglücklich.

Mein Herz ist schwer.

Mein Kopf ist wütend.

Meine Augen sind traurig.

Meine Gedanken sind chaotisch.

Mein Körper ist ausgebrannt.

Meine Hände sind leer

und trotzdem habe ich die Gewissheit

Ich lebe, liebe und leide.

Vertrauen –
oder was Du meintest!

Du sprachst von Vertrauen -
und meintest Ergebenheit.

Sollte ich alles geben,
ohne zu nehmen ?

Doch was warst Du bereit
- aufzugeben ?

Vertrauen vergibt man freiwillig –
und ohne Zwang.

Mit dem Samen
erhält man die Frucht -
die man sät.

Ich hatte es versucht –
und Verlogenheit geerntet.

Deshalb verließ ich Dich –
wegen der LÜGEN
um wieder zu lieben.

Vorbei

Stiller See,

                schön hier zu sein.

Leises Rauschen im Schilf,

                ich spüre den Wind.

Fernes Rufen eines Vogels,

                welch eine Melodie.

Feine Konturen im Mondlicht,

                bald wird es hell.

Da eine Sternschnuppe,

schnell ist der Augenblick vorbei

ohne dass Du es gemerkt hast.

Es hat alles einen Namen.

Warum ?

Du bist nicht gut drauf.

Warum ?

Die Blumen leuchten in der Sonne.

Warum ?

Ich bin glücklich und zufrieden.

Warum ?

Frag´ nicht immer nach dem

WARUM.

Du kannst es nie ganz erklären.

Sondern frag´ Dich

was soll es bedeuten,

was soll es mir zeigen.

Dann nimmst Du die Welt

und Dich selbst ernst.

Was ist LEBEN?

Das was ich sehe ist LEBEN

mit den Farben und dem Licht.

Ich kann es nicht malen

oder in Worte fassen.

Das was ich fühle ist LEBEN

mit der Nähe und Berührung.

Ich kann es spüren, erleben.

Das was ich höre ist LEBEN

mit dem Gespräch und dem Lied.

Ich kann es weitergeben und teilen.

Ich bin das LEBEN,

jeder und jedes ist das LEBEN.

Was ist Musik?

Musik ist mehr als nur ein Gefühl

fang´ an zu tanzen - singe –

gib´ Deiner Stimme Klang

lass´ Dich fallen - im Rhythmus

mal langsam - mal schnell

sei bereit zu spüren

die Melodie zu fühlen

lass´ die Schmetterlinge fliegen

das Gefühl – zu schweben

einzutauchen – zu versinken

dahin zu schmelzen

alles um Dich zu vergessen

loslassen – genießen

die reine Lust

e r   l e b e n !

Wechselspiel

Blitz und Donner erfüllt –

    beängstigend die Luft.

Rau weht der Wind –

    durch die rauschenden Wälder.

Der Regen prasselt –

    unaufhörlich in den See.

Langsam lässt der Sturm –

    die Wellen ruhiger schlagen.

Die untergehende Sonne –

    spiegelt sich im Wasser.

Stille zieht über den See –

    eine laue Nacht.

Hell leuchtet jetzt am Himmel –

    der runde Mond.

Wie wunderschön ist das

    Wechselspiel der Natur.

Weitergehen

Jetzt sehe ich endlich ein,

wie viel Kraft ich vergeudet habe,

nur um Dich zu halten.

Bis ich fast stillstand.

ganz langsam -

fing ich an zu gehen,

nicht weit,

immer ein Stückchen weiter,

taste ich mich hinaus.

Bald konnte ich laufen,

trotz Deiner Warnungen,

ich könnte fallen.

Ich bin gefallen,

aber es tat nicht weh.

Das Seil ist gerissen,

an dem Du mich hieltest.

Wenn die Nacht dunkel ist

Auch

wenn die Nacht

dunkel ist.

Scheint der Mond

in seinem Glanz

und der Vogel

findet seinen Weg.

Geh´ auch Du weiter,

es wird auch wieder

hell.

Wenn Du redest –

Vergiss´ nicht wie Du es sagst.

Wenn Du redest –

bleibe freundlich.

Wenn Du redest –

würde es Dir gut tun?

Wenn Du redest –

verletze nicht,
auch Du bist verletzbar.

Wenn Du redest –

denkst Du so, wie Du redest?

Wie Du redest –

so denken die Menschen über DICH!

Wertvoll

Was kostet Liebe?

Warum ist es so schwer

es zu bemessen?

Wie viel ist ein Lächeln wert?

Wie kostbar ist eine Umarmung?

Was bezahlt man für ein Danke?

Welches Lob ist wertvoll?

Wie viel kostet ein Kuss?

Was ist unbezahlbar?

wie eine Blume

So wie Du eine Blume

pflegen musst,

damit Sie blüht

und wächst.

Schenke Deiner *LIEBE*

immer die Aufmerksamkeit

und Beachtung.

Jederzeit

wieder Freude finden

Seh´ ich Dich und muss erfahren,

dass Du großes Leid musst ertragen.

Kann Dich –

vielleicht ein wenig trösten,

doch vom Kummer nicht erlösen.

Verlust in welcher Art auch immer,

bringt Schmerz und Traurigkeit.

Deine Angst kann ich gut verstehen,

doch das Leben wird weitergehen.

Auch Du wirst wieder Freude finden,

und Dein Lachen,

wird Dich glücklich machen.

Zeig ein Lächeln

Einige Leute sind nur zufrieden,

wenn Sie Boshaftigkeiten

austeilen können.

Begegne Ihnen mit Gelassenheit

und einem Lächeln,

dann verlieren Sie den Reiz

Dich zu verletzten.

Sie läuft uns davon.

Sie geht uns verloren.

Sie bewegt die Welt.

Sie macht uns nervös.

Sie ist oft ungeduldig.

Sie lässt uns warten.

Sie rennt nie rückwärts.

Sie hat viele Gesichter.

Wenn wir nicht lernen,

richtig mit Ihr umzugehen.

Die Zeit

Zweifle nicht an Deinem TUN

Ist es richtig, was ich tu` ?

War es ehrlich, was ich sagte ?

Hab´ ich wirklich, dass gefühlt ?

Zweifel über Zweifel

Die auch Dich überkommen.

Gibst Du all Deinem Zweifeln nach,

gehst Du mit Angst durchs Leben.

Zwiespalt

In der Gewissheit -

allein zu sein -

quält mich der Zwiespalt –

allein sein zu können -

aber mehr zu wollen -

Gespräche -

mit Dir mein Freund -

Zärtlichkeit -

nach der ich mich sehne -

zu jemanden gehören –

wie weit teilen - zu können -

ohne mich aufzugeben ?

Gedanken in einem Satz

Allein – Du bist einzigartig,
aber nie allein.

Auch unter der Brücke gibt es
LICHT.

Das Auge –
das sieht, was passiert,
mit Dir lacht und weint.

Das Herz – das DICH liebt -
– das DU brichst – das DU
verschenkst.

Das Meer – unendlich und weit.

Dein Engel – glaube -
– ist immer für Dich da.

Der Herbst – schenkt Dir alle Farben

Der Himmel – hält DEINE Träume -
-spürt DEINE Sehnsucht –
-fühlt DEIN Leid.

Der Mund – der mit DIR spricht -
- der mit DIR singt – Der DICH
küsst .

Der Weg – führt immer irgendwo
hin.

Die Liebe – einig – zärtlich – eng
umschlungen

ICH bin es wert -
geliebt zu werden – liebenswert

Jeder ist auf seine Art – einmalig

Knoten sind – lösbar

Lass´ Dich von den Wolken tragen.

Leuchte wie die Sonne,
lass die Strahlen wirken
und gib´ Sie weiter.

Licht und Schatten

SCHNEE – Reinheit – Klarheit –
Helligkeit

Selbstmitleid – ist die eigene
Zerstörung.

SONNE – die Wärme der Welt

Suche DIR die Farben des Lebens.

Stark sind Deine Wurzeln,
verbinde – was DU
verbinden kannst.

Traurigkeit – gehört auch zu Dir
und zum Leben.

WASSER – Element des Leben -
-frei – Stille – geborgen – Glück -

Weit ist der Weg, das Land,
der Horizont, das Meer.

DANKE

Bei ALLEN die mit mir

weinen oder lachen.

Für alle Begegnungen und Träume,

damit ich wachsen konnte.

Denn jede Krise,

bedeutet auch etwas NEUES.

Es gibt so vieles

was wir in Freud´
oder Leid erfahren,

die kleinen Dinge
mit Ihrer Schönheit

SEHEN

FÜHLEN

WAHRNEHMEN

Du bist
einzigartig

aber
nicht
allein.